# BEI GRIN MACHT SICH IHR WISSEN BEZAHLT

- Wir veröffentlichen Ihre Hausarbeit,
  Bachelor- und Masterarbeit

- Ihr eigenes eBook und Buch -
  weltweit in allen wichtigen Shops

- Verdienen Sie an jedem Verkauf

**Jetzt bei www.GRIN.com hochladen
und kostenlos publizieren**

**Bibliografische Information der Deutschen Nationalbibliothek:**

Die Deutsche Bibliothek verzeichnet diese Publikation in der Deutschen National-
bibliografie; detaillierte bibliografische Daten sind im Internet über http://dnb.d-
nb.de/ abrufbar.

**Impressum:**

Copyright © 2009 GRIN Verlag, Open Publishing GmbH
Druck und Bindung: Books on Demand GmbH, Norderstedt Germany
ISBN: 9783668415997

**Dieses Buch bei GRIN:**

http://www.grin.com/de/e-book/355410/vaeter-und-toechter-in-der-deutschen-
literatur

Sandra Lill

# Väter und Töchter in der deutschen Literatur

## Darstellung der Beziehung anhand ausgewählter Werke

GRIN Verlag

**GRIN - Your knowledge has value**

Der GRIN Verlag publiziert seit 1998 wissenschaftliche Arbeiten von Studenten, Hochschullehrern und anderen Akademikern als eBook und gedrucktes Buch. Die Verlagswebsite www.grin.com ist die ideale Plattform zur Veröffentlichung von Hausarbeiten, Abschlussarbeiten, wissenschaftlichen Aufsätzen, Dissertationen und Fachbüchern.

**Besuchen Sie uns im Internet:**

http://www.grin.com/

http://www.facebook.com/grincom

http://www.twitter.com/grin_com

# VÄTER UND TÖCHTER
## in der deutschen Literatur

# GYMNASIUM NEUBIBERG

ABITURJAHRGANG 2007/2009

# FACHARBEIT

AUS DEM LEISTUNGSKURS DEUTSCH

# THEMA

Väter und Töchter in der deutschen Literatur

VERFASSERIN:    Sandra Lill

ABGABETERMIN:    30. Januar 2009

# Inhalt

# 1. Einleitung

## 1.1. Vorwort

Das Thema meiner Facharbeit lautet „Väter und Töchter in der deutschen Literatur". Um mich ihm zu nähern, habe ich zunächst von einer befreundeten Literaturzirkel- Leiterin eine Liste mit Büchern erbeten, die eine solche Familiensituation behandeln bzw. beinhalten, und diese unter dem Gesichtspunkt meines Themas gelesen. Nach und nach habe ich mich auf vier Werke festgelegt, um diese weiter zu bearbeiten.

In jedem der Werke kommt die Tochterfigur tragisch zu Tode. Zwar habe ich die vier Bücher zunächst nicht absichtlich aus diesem Grund ausgewählt, fand das Motiv dann jedoch so interessant, dass ich bei meiner Auswahl blieb und auch als Einleitung eine solche Konstellation heranziehe.

Zufällig ist der Verfasser zweier ausgewählter Werke Gotthold Ephraim Lessing. Diese Tatsache ließ mich zunächst überlegen, ob ich der Abwechslung halber eines der beiden Bücher austauschen sollte, habe mich dann jedoch aus folgenden Gründen dagegen entschieden:

- Die Vater – Tochter – Beziehungen in den betreffenden Werken „Miss Sara Sampson" und „Emilia Galotti" sind keineswegs von gleicher Art. Die Abwechslung der Buchauswahl schien mir daher nicht in Gefahr.

- Zudem finde ich beide Fälle sehr interessant und mit Hilfe einer im Internet gefundenen Sekundärliteratur gut zu beschreiben, so dass ich bei der Auswahl der Lessing – Stücke blieb.

Der nächste Schritt meiner Arbeitsweise war das Festlegen der Reihenfolge, in der ich die Bücher erörtern wollte. Aus einigen Alternativen – chronologisch etwa, oder nach ihren Autoren geordnet – wählte ich die, die Werke in einen Sinnzusammenhang zu bringen und als Überleitung jeweils Gemeinsamkeiten und Unterschiede aufzuführen. Dies erschien mir als beste Form der Gliederung.

Um eine passende Einleitung zu verfassen, suchte ich ein antikes Beispiel für eine berühmte Vater – Tochter – Beziehung. Die Behandlung der deutschen Literatur folgt im Anschluss daran als Hauptteil. Der Schluss besteht schließlich aus einer weiteren Ebene, auf der ich mein Thema behandeln will: Die vier Vater-Tochter-Beziehungen (bzw. das Verhalten der jeweiligen Väter und Töchter) aus moderner, psychologischer Sicht.

So viel zu meiner Arbeitsweise an der nun folgenden Facharbeit.

## 1.2. Die Ermordung der Virginia durch ihren Vater Lucius Virginius zu ihrem Schutz

*„ Kind, dies einzige Mittel blieb mir, deine Freiheit zu retten!"* [1]

Mit diesen Worten durchbohrt Lucius Virginius, kurz: Virginius, die Brust seiner Tochter Virginia mit einem Messer.

So beschreibt Titus Livius, 49 v Chr. bis 17 v Chr., ein römischer Historiker zur Zeit des Augustus, in seinem Werk „Libri ab urbe condita III" den tragischen Ausgang eines Familienschicksals.

Virginius, ein römischer Centurio, hatte seine Tochter Virginia dem ehemaligen Tribunen Lucius Icilius anvertraut und die Verlobung bereits gefeiert. Appius Claudius jedoch, ein Decemvir, wollte sie verführen und beauftragte daher einen seiner Klienten, das Mädchen als seine Sklavin zu beanspruchen. Er selbst als Decemvir würde das Urteil darüber fällen und die Tochter so an sich reißen. Da der Vater abwesend war, und die Menschenmenge auf dem Forum gegen ein sofortiges Urteil protestierte, musste er am Tag der Verhandlung festlegen, dass das Mädchen zunächst bei Verwandten bleiben, und die Verhandlung am nächsten Tag weitergeführt werden sollte. Falls der Vater nicht rechtzeitig aus dem Feldlager zurück wäre, sollte Virginia jedoch in jedem Falle dem Kläger gehören. Gegen dieses Urteil lehnten sich sowohl ihr Verlobter als auch ihr Großonkel Numitorius auf, konnten aber nichts ausrichten.

Alles, was sie tun konnten, war, nach dem Vater schnellstmöglich zu schicken.

Am nächsten Tag erschien der Vater glücklicherweise pünktlich zum Gerichtstermin auf dem Forum Romanum. Claudius entschied jedoch trotzdem, der Kläger dürfe das Mädchen als Sklavin in Anspruch nehmen, da er sie selbstverständlich für sich gewinnen wollte.

Um eine derartige Schande zu verhindern, und da er keine andere Möglichkeit mehr sah, seine Tochter vor Claudius zu schützen, entriss der Vater in rasender Ohnmacht einem in der Menge stehenden Fleischer das Messer und tötete sie. Dabei schrie er:

*„ Auf dich, Appius, und dein Haupt lade ich den Fluch dieses Blutes!!"* [2]

*„Ihr Tod ist der Anlass zu einem Volksaufstand"* [3], der einen Umsturz der herrschenden Gesellschaft und des Staatsgefüges zur Folge hatte. Das System der Decemviri wurde vom Konsulat abgelöst.

5

## 2. Hauptteil

Das Motiv des Livius, ein Vater, der die Tochter - in direkter oder indirekter Weise - tötet, kommt in der Literatur sehr häufig vor. Vier dieser Fälle sollen nun im Hauptteil untersucht werden.

### 2.1. „Emilia Galotti" von Gotthold Ephraim Lessing

#### 2.1.1. Informationen zum Werk: Lessings Stellungnahme zur Konzeption des Werkes

So behandelt auch Gotthold Ephraim Lessing, 1729 – 1781, den Stoff in seinem Trauerspiel „Emilia Galotti". Er befasst sich jedoch nur mit dem eigentlichen Familienschicksal und versucht, eine unpolitische Konzeption beizubehalten. In einem Brief an Friedrich Nicolai vom 21.1.1758 beschreibt er die Gründe dafür:

> *„Er – der junge Tragikus (d.h. Lessing selbst) hat nämlich die Geschichte der römischen Virginia von allem dem abgesondert, was sie für die ganze Stadt interessant machte; er hat geglaubt, dass das Schicksal einer Tochter, die von ihrem Vater umgebracht wird, dem ihre Tugend werter ist, als ihr Leben, für sich schon tragisch genug, und fähig genug sei, die ganze Seele zu erschüttern, wenn auch gleich kein Umsturz der ganzen Staatsverfassung darauf folgte"* [4]

Trotzdem wurde „Emilia Galotti" *„eines der ersten politischen Dramen der neueren deutschen Literatur, dessen Einfluss, zum Beispiel auf Schillers Jugendwerk, bedeutend war."* [5] Es wurde 1757 begonnen, 1771/72 vollendet und schließlich am 13.3.1772 in Braunschweig uraufgeführt.

#### 2.1.2. Inhalt des Trauerspiels

Das Drama beginnt mit dem Prinz von Guastalla, Hettore Gonzaga, dessen Liebe zur Gräfin Orsina in dem Moment erkaltet, in dem er Emilia Galotti *„mit ihrer Mutter in einer Vegghia traf"* [6]. Unglücklicherweise ist diese bereits dem Grafen Appiani versprochen. Um die Hochzeit zu verhindern, lässt der Prinz seinem Kammerdiener Marinelli freie Hand. Dieser plant einen Anschlag auf die Hochzeitskutsche, dem der Graf zum Opfer fällt. Die auch in der Kutsche befindliche Emilia Galotti wird zum Schloss des Prinzen gebracht, und auch die Mutter trifft dort ein. Diese durchschaut den Plan des Prinzen bzw. Marinellis, auf diese Weise den Kontakt zwischen Emilia und dem Prinzen knüpfen zu wollen. Als auch die Gräfin Orsina sowie der Vater Emilias, Odoardo Galotti, eintreffen, steckt sie ihm einen Dolch zu, um den Prinzen zu töten. Der Vater jedoch ersticht stattdessen seine Tochter Emilia auf ihre Bitte hin, um sie *„von der Schande zu retten"* [7]

6

## 2.1.3. Die Vaterfigur „Odoardo Galotti" als gespaltene Persönlichkeit

Zunächst soll die Reaktion des Vaters auf den Mord an seiner Tochter untersucht werden. Die Tat geschieht im Affekt, so scheint es, nachdem sie ihm vorwirft, *„solcher Väter gibt es keine mehr!"* [8] die ihre Tochter vor der Schande bewahren. Ihr Text spielt hier auf den in der Einleitung erwähnten Virginius und das Messer des Fleischers an:

*„Ehedem wohl gab es einen Vater, der, seine Tochter von der Schande zu retten, ihr den ersten, den besten Stahl ins Herz senkte – ihr zum zweiten das Leben gab."* [9]

Um ihr zu beweisen, dass auch er ein solcher Vater ist, der seine Tochter ihr zu Liebe umbringt, tötet er sie, um gleich darauf zu erschrecken: *„Gott, was hab ich getan!"* [10]. Erst nach der Tat beginnt er, über die Tragweite seiner Handlung zu reflektieren. Den Mord, den er mit dem Stolz, sie zu retten, ausführt, bereut er gleichzeitig. Diese Zwiespältigkeit Odoardos zeigt sich in all seinen Auftritten.

In seinem ersten Auftritt (II.2.) wird Odoardo Galotti zunächst als liebevoller Ehemann und besorgter Vater dargestellt.

Er überrascht seine Frau Claudia mit einem spontanen Besuch und entkräftet auch ihre Zweifel, ob dies tatsächlich *„nur eine Überraschung sein soll"* [11] die keinen weiteren Hintergrund hat. Doch allein diese argwöhnische Vermutung seiner Frau weist darauf hin, dass der schöne Schein der Ehe trügerisch sein könnte, und im Vorfeld eventuell bereits Dinge vorgefallen sind, die Claudia misstrauisch werden lassen, wenn Odoardo so auffallend freundlich ist.

Weiterhin wirkt er zunächst ehrlich besorgt, als Claudia auf seine Frage nach Emilia, die er *„beschäftigt mit dem Putze"* [12] vermutet, erklärt, dass sie sich in der Kirche befände und ohne Begleitung das Haus verlassen habe. Doch sofort kommt der wahre Grund für seine Besorgnis zum Vorschein: Sein Vertrauen in Emilia ist gering, er hat Angst, sie könne einen *„Fehltritt"* [13] begehen. Auch in seinem zweiten Auftritt (II.4.) zeigt Odoardo negative und gespaltene Charaktereigenschaften.

So erwartet er zunächst dringend die Rückkehr Emilias aus der Kirche – nicht jedoch, weil er sich in väterlicher Liebe nach ihr sehnt, sondern wegen seines bevorstehenden Gesprächs mit dem Grafen Appiani, zu dem er nicht zu spät kommen will. Er kann es kaum erwarten, *„diesen würdigen jungen Mann (seinen) Sohn zu nennen."* [14], und es scheint ihm wichtiger zu sein, ihn in seiner Familie begrüßen zu können, als seine Tochter in guten Händen zu wissen. Dies könnte ein Hinweis auf eine gemilderte Art der Zwangsverheiratung sein, die der Vater und der Graf beschlossen haben [15]. Während Odoardo auf seinem Landsitz lebt, wohnen Claudia und Emilia in der Stadt. Diese Tatsache wirft er seiner Frau mit der Begründung vor, sie würde die Ablenkungen des Alltags der Zeit mit ihrem Mann vorziehen. Stattdessen hatte sich Claudia dafür entschieden, in der Stadt zu wohnen, um Emilia eine gute Erziehung zukommen zu lassen. Zu Recht nennt sie deshalb seinen Vorwurf *„ungerecht"* [16].

Auf die Erzählung Claudias, dass Emilia sich mit dem Prinzen getroffen hat und er *„von ihrer Munterkeit und ihrem Witze so bezaubert"* [17] zeigte, reagiert er entsetzt. Das schlimmste, was ihm passieren könnte, wäre die Aufhebung des Bundes mit dem edlen Grafen Appiani zugunsten des Prinzen, der nur ein *„Wollüstling"* [18] sei.

Der folgende Monolog Claudias, in dem sie ihn einen Mann der rauen Tugend nennt (vgl. II.5.), lässt seine hohen Moralvorstellungen deutlich werden: *„Alles scheint (ihm) verdächtig, alles strafbar!"* [19]

Nachdem der Überfall auf die Kutsche geschehen, der Graf verwundet und Claudia und Emilia auf dem Schloss des Prinzen sind, erscheint erst hier Odoardo wieder. Er konnte weder die schicksalhafte Begegnung Emilias mit dem Prinzen verhindern, noch den Angriff Marinellis. Er *„ist der abwesende Vater."* [20]

Claudias Einschätzung von Odoardos Charakter ist auch deutlich in jenem Auftritt (IV.6+7) erkennbar. Der Kammerdiener des Prinzen, Marinelli, hatte ihn davor gewarnt, sich auf ein Gespräch mit Gräfin Orsina einzulassen, da diese nicht zurechnungsfähig sei [21] – ein Hinweis, der selbstverständlich Odoardo davon abhalten sollte, die Wahrheit über den Hintergrund des Überfalls zu erkennen. Er jedoch geht sofort auf sie ein, als sie ihn neugierig machen will. Sein misstrauischer Verstand sagt ihm, *„so spricht keine Wahnwitzige"* [22], und als er erfährt, dass Graf Appiani bei dem Angriff nicht nur verwundet, sondern getötet wurde [23], und dass seine Tochter Emilia außerdem vom Prinzen verführt werden soll, erwacht die Mordlust in ihm. Dieses Bedürfnis kann Orsina erfüllen, indem sie ihm einen Dolch gibt [24], mit dem er den Prinzen töten soll.

In den folgenden Monologen Odoardos (V.2, V.4, V.6.) sowie in seinen Unterhaltungen mit Claudia (IV.8), Marinelli (V.3.), dem Prinzen (V.5.) und schließlich Emilia selbst (V.7.) wird seine Ratlosigkeit deutlich [25]. Diese gipfelt schließlich in der Ermordung der falschen Person: Nicht ihr Entführer, sondern die unschuldige Tochter muss sterben. Sie soll nun charakterisiert werden.

### 2.1.4.  Die unmündige Tochterfigur „Emilia Galotti"

Emilia ist ein Mädchen voller Tugend, Nächstenliebe und Gehorsamspflicht, gleichzeitig jedoch unselbständig und nicht in der Lage, ihr Schicksal selbst zu beeinflussen. Diese Eigenschaften sollen im Folgenden anhand einiger Szenenbeispiele erläutert werden.

An der Tatsache, dass der Prinz für sie schwärmt, trägt sie keine Schuld durch eine etwaige Verführung ihrerseits oder Ähnliches. Er traf sie zunächst *„mit ihrer Mutter in einer Vegghia"* [26] und wurde dann durch ein Portrait des Malers Conti, ein *„Studium der weiblichen Schönheit"* [27] an ihre

8

Reize erinnert. Als er ihr am Tag ihrer Hochzeit auflauert und sie in der Kirche anspricht, fühlt sie sich von ihm verfolgt und hat Schuldgefühle, weil sie ihre Andacht nicht ausführen kann (II.6.). Sie fühlt sich keineswegs geschmeichelt von seinen Komplimenten über ihre *„Schönheit"* [28] was ihre große Tugendhaftigkeit verdeutlicht.

Dieser Charakterzug gibt ihr auch das Gefühl, dass sie ihrem Verlobten von dem Vorfall am Hochzeitstag erzählen sollte. Da ihre Mutter ihr jedoch davon abrät und Emilia *„keinen Willen gegen den Ihrigen"* [29] hat, handelt sie entgegen ihres eigenen Empfindens, *„lieber vor ihm nichts auf dem Herzen"* [30] haben zu wollen. Sie erscheint hier als unmündige und stark durch die Gehorsamspflicht gegenüber ihren Eltern geprägte Figur [31].

Doch nicht nur bei ihrer Mutter kann sie nicht auf ihren Willen bestehen. Auch zuvor schon, beim Aufeinandertreffen mit dem Prinzen in der Kirche, erweist sie sich als schwach und nicht durchsetzungsfähig. Anstatt ihn abzuweisen, lässt sie sich im Gebet durch sein Flüstern ablenken [32], hat *„nicht das Herz, einen zweiten (Blick) auf ihn zu richten"* [33], flieht schließlich vor ihm, verliert dabei sogar fast ihren Verstand [34] und erreicht vollkommen aufgelöst ihre Mutter.

Nach dem Überfall auf ihre Hochzeitskutsche, in der sie sich mit ihrer Mutter und dem Bräutigam befand, wird sie von Battista, einem Bediensteten Marinellis, zum Prinzen in dessen nahegelegenes Lustschloss „Dosalo" gebracht. Hier zeigt sich ihre selbstlose Nächstenliebe in der Sorge um ihre Mutter wie folgt:

*„Aber ich erschrecke, mich allein gerettet zu sehen. Meine Mutter ist noch in Gefahr. Hinter uns ward sogar geschossen. Sie ist vielleicht tot; – und ich lebe? – Verzeihen Sie. Ich muss fort; ich muss wieder hin, - wo ich gleich hätte bleiben sollen."* [35]

Nachdem Marinelli sie am Verlassen des Schlosses gehindert und sie in ein Hinterzimmer gebracht hat, erscheint Emilia erst wieder, als ihr Vater den Plan zur Ermordung des Prinzen schon geschmiedet hat. Da Odoardo schon am Morgen des Hochzeitstages die Ankunft Emilias nicht abgewartet hat, und auch im weiteren Verlauf der Geschichte nie anwesend war, stellt der Auftritt V.7. das erste Aufeinandertreffen von Vater Odoardo und seiner Tochter Emilia im ganzen Stück dar und soll deshalb zur Analyse ihrer Beziehung zueinander im nächsten Punkt bearbeitet werden.

### 2.1.5. Vater-Tochter-Beziehung: Der Mord des Vaters an der Tochter auf ihren Wunsch hin

Odoardo Galotti hat Emilia zu einer *„idealen, tugendhaften Tochter"* [36] erzogen, die seine strengen Moralvorstellungen als unabänderliche Gesetze ansieht. Dem Prinzen jedoch gelingt es, dieses System ins Wanken zu bringen. So hat Odoardo große Angst davor, dass sie ihre Schuldlosigkeit verlieren könnte, wenn sie weiterhin mit dem Prinzen in Kontakt stünde.

Aber auch die Tochter selbst hat Angst, dass sie ihre Unschuld verlieren könnte. Sie geht dabei, anders als der Vater, nicht allein vom körperlichen, sondern auch vom geistigen Verlangen aus, das sie in ihrer Schwäche für den Prinzen empfinden könnte. Sie interpretiert den christlichen Glauben so streng, dass in Gedanken *„sündigen wollen auch sündigen"* [37] sei.

Der Monolog des Vaters (V.6.) deutet das schreckliche Ende des Trauerspiels an. Hier *„äußert er erstmals den Gedanken, Emilia zu töten"* [38]. Gleich darauf jedoch verwirft er die Überlegung wieder, ohne sie sich richtig einzugestehen, mit den Worten: *„Hab ich das Herz, es mir zu sagen? – Da denk ich so was! So was, was sich nur denken lässt! – Grässlich! Fort, Fort!"* [39].

Im Auftritt V.7. dann, beim ersten Zusammentreffen der beiden, erkennt Odoardo seine sonst so herzliche Tochter nicht wieder. Sie hat im Ausnahmezustand des Überfalls seine Gefühllosigkeit angenommen, die er zuvor mit den Worten *„Weinen konnt' ich nie"* [40] verdeutlicht hat. Emilia ist in dieser Situation vollkommen gleichgültig, ob *„nichts verloren oder alles"* [41] verloren ist.

Doch als sie zu sich kommt und – vielleicht zum ersten mal in ihrem jungen Leben – dafür eintritt, nicht zu *„Leiden, was man nicht sollte"* [42], freut sich Odoardo sehr über diese Wandlung und lässt sich sogar darüber aus, dass die Natur die Frauen zu ihrem Meisterstück gemacht hat, und dass an ihnen fast alles besser sei als an den Männern [43].

In diesem Moment, als Emilia endlich für ihre eigene Meinung eintreten will, erscheint ihr der Selbstmord als einzige Möglichkeit, sich aus der Gefangenschaft zwischen der Strenge des Elternhauses und der Verführung des Prinzen zu befreien. Sie bittet Odoardo um den Dolch und versucht, sich damit zu erstechen. Er jedoch erkennt rechtzeitig, dass diese Waffe „nicht für (ihre) Hand" ist [44] und nimmt ihn ihr wieder.

Schließlich will Emilia ihre erste eigene Entscheidung, ihren Tod, mit aller Gewalt durchsetzen. Und so provoziert sie ihren Vater so lange, bis er ihr ihren Wunsch erfüllen will und sie ersticht.

Dem Prinzen, der die Tat mit *„Entsetzen"* [45] sieht und Odoardo einen grausamen Vater nennt [46], verdeutlicht dieser zuletzt, dass Emilia seinen Verführungen nun nicht mehr erliegen wird und weiterhin, dass er den Mord nicht mit seinem Selbstmord begleichen wird, sondern sich *„selbst in das Gefängnis"* [47] liefern und ihn vor dem jüngsten Gericht erwarten wird. Seine eigene Schuld ist ihm demnach keineswegs bewusst, wodurch sich das Verhältnis zu seiner Tochter auch nach ihrem Tod nicht mehr positiv verändern wird.

## 2.2. „Maria Magdalena" von Friedrich Hebbel

### 2.2.1 Informationen zum Werk: Die Entstehung des endgültigen Titels

Auf den Tag genau 74 Jahre nach der Uraufführung von „Emilia Galotti" wurde am 13.3.1846 in Königsberg [48] ein weiteres Beispiel der dramatischen Umsetzung einer Vater–Tochter–Beziehung uraufgeführt. Das bürgerliche Trauerspiel von Friedrich Hebbel (1813-1863) trägt im heutigen Sprachgebrauch den Titel „Maria Magdalena", wurde jedoch im Original aufgrund eines Druckfehlers unter „Maria Magdalene" bekannt.

Das Thema des Dramas ist jedoch keineswegs die biblische Frauengestalt an der Seite Jesu, sondern die tragische Beziehung der Tischlertochter Klara zu ihrer Umwelt [49]. Und da *„Klara"* [50], der zunächst von Hebbel vorgeschlagene Titel, dem Verleger des Buches zu uninteressant erschien, wurde es schließlich unter „Maria Magdalene" veröffentlicht (siehe Titelblatt).

### 2.2.2. Inhalt des bürgerlichen Trauerspiels

Die Familie, um die Hebbel sein Drama aufbaut, besteht aus Vater Anton, einem strengen Tischlermeister, seiner Frau, die namenlos bleibt, was auf ihre untergeordnete Rolle in der Familie aufmerksam macht, der Tochter Klara sowie ihrem Bruder Karl, der sich gegen die väterlichen Gesetze auflehnt.

Klara ist schwanger von Kassierer Leonhard, der sie in der Absicht, das väterliche Vermögen bei der Heirat als Mitgift zu erhalten, verführt hat. Trotz ihrer Verlobung mit ihm empfindet sie jedoch keine Liebe für ihn. Bald darauf erscheint der Sekretär wieder im Ort, Klaras Jugendliebe, mit dem sie sich auch jetzt noch eine Beziehung wünscht. Dieser Wunsch aber muss aufgrund ihrer Verlobung und ihrer Schwangerschaft unerfüllt bleiben.

Als der Bruder Karl eines Juwelendiebstahls bezichtigt wird und die Gerichtsdiener ihn im Haus der Familie suchen, erleidet die auf mysteriöse Art bereits seit der Verführung Klaras kranke Mutter [51] einen Schock und stirbt. Von seinem Sohn derart enttäuscht und von seiner Frau verlassen wünscht sich Vater Anton nun, dass seine Tochter Klara bei ihm bleibt. Er verlangt von ihr, zu schwören, dass sie noch unschuldig ist, woraufhin Klara aufgrund ihrer Schwangerschaft den Eid umformuliert und schwört, dass sie ihm *„nie Schande machen"* [52] will. Mit diesem Schwur akzeptiert sie bereits im ersten Akt ihren Selbstmord als zwingende Konsequenz, falls sie nicht bald von Leonhard geheiratet werden sollte.

Da dieser jedoch vom Verlust des väterlichen Vermögens erfahren hat, löst er die Verlobung mit Klara in einem Brief auf. Auch im Gespräch kann sie ihn weder dazu bringen, zu ihr zurückzukehren, noch kann sie ihm glaubhaft versichern, sich andernfalls das Leben zu nehmen. Nachdem sie zur

Ausführung dieses Planes aufgebrochen ist, fordert der Sekretär Leonhard zu einem Schießduell heraus und tötet ihn.

Als Klara im Brunnen ertrunken aufgefunden wird, und sie so ihre Drohung wahr gemacht hat, lieber eine Selbst- und Kindsmörderin als eine Vatermörderin zu sein [53], versteht Meister Anton „die Welt nicht mehr" [54].

### 2.2.3. Die dominante Vaterfigur „Meister Anton"

Die Überraschung, die Meister Anton beim Tod seiner Tochter verspürt, verdeutlicht sein Unverständnis seiner Tochter Klara gegenüber. Er ist ohne Zweifel die Autoritätsperson schlechthin für sie, einen liebenden und verständnisvollen Vater jedoch hatte sie nie. So ist verständlich, dass sie sich, statt ihm ihren Fehltritt zu gestehen, in den Tod getrieben fühlt.

Er gesteht sich niemals Gefühle ein, leugnet sogar die Tränen, die ihm kamen, als seine Frau „zur Ader gelassen" [55] wurde. Und auch ihren Tod quittiert er nur mit dem hartherzigen Ausspruch „was will's heißen? Der Vater blieb am Leben!" [56].

Antons Leben soll aus Tatsachen bestehen, nicht aus eventuellen Annahmen. Und so beurteilt er auch seine Mitmenschen nur nach ihrer Arbeit und ihrem Fleiß, der ihnen in seinen Augen ihr Existenzrecht verleiht. Er bildet sich seine Meinung nicht, indem er sich die Menschen mit seinen Gedanken zurecht hobelt [57].

Er ist ein vom Ehrbegriff geprägter Mann, dem nichts wichtiger ist als das gute Ansehen seiner Familie. So kann er seinem Sohn Karl, auch nachdem der Verdacht, er könnte die Juwelen gestohlen haben, bereits verworfen war, nicht verzeihen, dass die Leute im Ort von der Geschichte erfahren haben. Karl zieht die Konsequenz auf seine Art und heuert als Matrose auf einem Schiff an [58].

Ein letzter Beweis für den hohen Stellenwert des Ehrbegriffs für Meister Anton soll schließlich seine eigene Beurteilung dieses Charakterzuges in Szene II.1. sein:

„Denn alles, alles kann ich ertragen und hab's bewiesen, nur nicht die Schande! Legt mir auf den Nacken, was ihr wollt, nur schneidet nicht den Nerv durch, der mich zusammenhält" [59]

Eben dieser Nerv der Ehre droht zu reißen, sollte die uneheliche Schwangerschaft Klaras zu Tage treten. Wie sie mit dieser Situation umgeht, und welche weiteren Charakterzüge sie aufweist, soll nun erläutert werden.

## 2.2.4. Die Tochterfigur „Klara" als Opfer ihrer Umwelt

Hebbel verdeutlicht, dass Klara die Hauptperson des Stückes ist, außer durch den Vergleich mit Maria Magdalena im Titel, indem er sie den ersten Satz des Stückes sagen lässt: „*Dein Hochzeitskleid? Ei, wie es dir steht. Es ist, als ob's zu heut gemacht wäre!*"[60]. So eröffnet sie den Dialog mit ihrer Mutter, in welchem sie die große Liebe zu ihr zeigt. Sie nennt sie „*liebe Mutter*"[61] gesteht ihre Angst vor dem Tag ein, an dem die Mutter sterben muss und warnt sie davor, allzu pessimistisch in die Zukunft zu blicken. Diese Hinweise lassen auf ein sehr gutes Mutter-Tochter-Verhältnis der beiden Frauen schließen.

Das Verhältnis Klaras zu ihrem Bruder Karl dagegen wird in Szene I.2. durch einen „*Zank am Sonntagmorgen*"[62] eingeführt, der auf eine schlechte Beziehung der Geschwister hinweist. Und auch die Mutter hat Probleme mit ihrem Sohn, der sie als „*impertinent*"[63] beschimpft, woraufhin sie ihn „*unverschämt*"[64] nennt. Sie kann ihm nicht entlocken, wohin er gehen will, als er das Haus verlässt. Daraus ist ersichtlich, dass Karl in dem Drama eine rebellische Position einnimmt; er lehnt sich im Gegensatz zu seiner Schwester gegen die elterlichen Regeln auf.

Klara ist, vergleichbar mit Emilia Galotti aus dem soeben erläuterten Werk Lessings, sehr gottesfürchtig. Diese Eigenschaft tritt in Szene I.3. zu Tage, in der sie wünscht, sie hätte „*einen Glauben wie die Katholischen*"[65], um ihre große Liebe zu Gott durch Opfergaben ausdrücken zu dürfen.

Von Leonhard, ihrem Verlobten, wird sie in seinem ersten Auftritt in Szene I.4. „*verdrießlich*"[66] genannt. Da sie ihn anschließend darauf hinweist, dass es „*andere Zeiten*"[67] gab, in denen sie froheren Mutes war, wird klar, dass er sie nur vordergründig um ihrer Mitgift Willen liebt und sich über ihre innere Verfassung keinerlei Gedanken macht.

Das Verhältnis ihres Vaters zur Arbeit, die seiner Meinung nach einem Menschen erst die Lebensberechtigung erteilt, spiegelt sich als eine weitere Eigenschaft Klaras wieder. Sie gibt sich Mühe, dem fleißigen Ideal ihres Vaters zu entsprechen, und zeigt dies beispielsweise sehr deutlich am Ende der vierten Szene im Gespräch mit Leonhard: „*Da kommt mein Vater. (...) Ich muss in die Küche*"[68].

Als eine letzte charakteristische Eigenschaft Klaras soll ihr Handeln entsprechend den bürgerlichen Pflichten dienen, welches sie ohne Berücksichtigung ihrer eigenen Bedürfnisse ausführt. Sie zieht ihre eigenen Wünsche sowie ihre Leidenschaft vollkommen zurück und stellt die gesellschaftlichen Ansprüche über ihre eigenen. So stürzt sie sich lieber in den Tod, da sie mit dem unehelichen Kind sich und ihrem Vater einen schlechten Ruf verschaffen würde, anstatt sich gegen die biedere Gesellschaft zu stellen, zu ihrer Liebe zum Sekretär zu stehen, das Kind zur Welt zu bringen und für ihre eigene Freiheit zu kämpfen. Diese Überbewertung des guten Ansehens wurde ihr von ihrem Vater beigebracht, dessen Verhältnis zu ihr nun untersucht werden soll.

## 2.2.5 Vater-Tochter-Beziehung: Klaras Selbstmord als Konsequenz des vom Vater verlangten Eides

Zur Verdeutlichung des komplizierten Verhältnisses zwischen Vater und Tochter in diesem Werk ist Szene II.1. sehr gut geeignet. Zuvor, am Ende des ersten Aktes, findet der Schwur statt, den Klara ihrem Vater auf sein Verlangen hin gibt. Statt dem von ihm geforderten Wortlaut: *„Schwöre mir, dass du bist, was du sein solltest!"* [69], formuliert sie: *„Ich – schwöre – dir, – dass – ich – dir – nie – Schande – machen – will!"* [70] und gesteht so, ohne dass der Vater es bemerkt, dass sie ihre Unschuld bereits an Leonhard verloren hat. Sollte sie also nicht in Kürze mit Leonhard oder dem Sekretär verheiratet sein, ist ihr Selbstmord die einzige Lösung, um ihm durch die Geburt eines unehelichen Kindes nicht die besagte Schande zu machen.

Im folgenden Dialog sprechen die überwiegenden Redeanteile des Vaters für seine absolute Dominanz in der Beziehung zu seiner Tochter. Klara kann seine wortgewaltigen Aussagen nur ab und zu durch kleine Sätze unterbrechen, wie zum Beispiel *„Ja, Vater, so ist's!"* [71], wodurch wiederum ihre bedingungslose Unterstützung der väterlichen Ansichten verdeutlicht wird. Er ist für sie der moralische Wegweiser in einer Gesellschaft, die jeden kleinsten Fehltritt mit übler Nachrede bestraft. Es scheint, als überhöhe sie ihn teilweise gar zu einer übermenschlichen Instanz, da sie im Dialog mit ihm *„Barmherziger Gott, was soll ich tun?"* [72] ausruft.

Diese widerspruchslose Anbetung durch seine Tochter beantwortet der Vater mit kühler Distanz, hohen Ansprüchen und strengen Regeln. Er erpresst Klara regelrecht damit, sich selbst beim Rasieren in die Kehle zu schneiden [73], sobald er bemerken würde, dass die Gesellschaft auf Klara *„mit Fingern zeigt"* [74]. Sein Zusatz, es könnte ja im Nachhinein wie ein Unfall aussehen, betont, dass er sich auch im Tod nicht dem Gerede der Leute über einen eventuellen Suizid aussetzen will. Er fordert weiterhin von ihr, nicht zu vergessen was sie ihm schuldig ist [75], und bestärkt sie so in ihrer Idee, den eigenen Selbstmord als Konsequenz der Schwangerschaft zu wählen.

Als der Vater das Gespräch durch seinen Abgang beendet, hat Klara endlich die Möglichkeit, ihre eigenen Ansichten zu unterbreiten, da sie ihrem Vater gegenüber nicht in der Lage dazu war. Szene II.2. ist daher ein Monolog Klaras, in welchem sie Gott auffordert, sie sterben zu lassen und zu sich zu holen [76], da dem Vater ihrer Meinung nach *„nicht anders zu helfen"* [77] ist. Einige Szenen später ist sie sich ihrer Sache bereits sicher und verspricht ihrem abwesenden Vater: *„ich gehe, ich gehe! Deine Tochter wird dich nicht zum Selbstmord treiben!"* [78].

Im weiteren Verlauf der Geschichte findet keine Aussprache der beiden Personen mehr statt, die Klara von der Ausführung ihres Planes abhalten könnte. Nach ihrem tödlichen Sprung in den Brunnen zeigt der Ausspruch des Vaters: *„Ich verstehe die Welt nicht mehr!"* [79], dass er sich absolut nicht in ihre Situation hineinversetzen kann. Das Vater-Tochter-Verhältnis kann daher auch nach ihrem Tod, wie schon in „Emilia Galotti", nicht verbessert werden.

## 2.3. „Miss Sara Sampson" von Gotthold Ephraim Lessing

### 2.3.1 Informationen zum Werk: Das typische bürgerliche Trauerspiel

Neben Hebbels „Maria Magdalena" und Schillers „Kabale und Liebe" zählt „Miss Sara Sampson" von Gotthold Ephraim Lessing (1729-1781) zu den typischen Vertretern des bürgerlichen Trauerspiels [80]. Diese Gattung „ist im 18. Jh. neben dem Roman und der Komödie die literarische Großform, in der sich das Erstarken des bürgerlichen Selbstbewusstseins und der Wille, sich kulturell zu äußern, am deutlichsten manifestiert" [81]. Zum ersten Mal wurde ein tragischer Stoff in die Welt des Bürgertums versetzt, so dass bürgerliche Theaterstücke nicht mehr nur „grobe Komödien" [82] sein mussten.

Die Merkmale der literarischen Gattung des bürgerlichen Trauerspiels finden sich in den beiden bereits behandelten Werken sowie im nun zu analysierenden Werk „Miss Sara Sampson".

So geht es thematisch oft um den Kampf der Bürger gegen die Unterdrückung durch den Adel [83], wie beispielsweise in Lessings „Emilia Galotti". Hierbei lehnt sich Familie Galotti gegen den Prinzen auf, der durch seine gesellschaftliche Position das Recht für sich beansprucht, Emilia Galotti auch gegen ihren Willen zu verführen.

Ein weiteres häufig behandeltes Thema ist die Kritik des Autors an der damaligen bürgerlichen Weltordnung [84], die ohne Rücksicht auf einzelne Personen die Einhaltung der gesellschaftlichen Normen fordert. So wird zum Beispiel Klara aus Hebbels „Maria Magdalena" durch ihren an jenen Werten festhaltenden Vater in den Tod getrieben.

Zuletzt wird in dem im Folgenden untersuchten bürgerlichen Trauerspiel „Miss Sara Sampson" keinerlei politische oder gesellschaftliche Kritik geäußert, sondern ein Familienkonflikt [85] ausgetragen, der, wie auch in den anderen beiden Werken, mit dem Tod der Tochter endet.

An diesen Todesfällen sind die Väter meist nicht unschuldig; in direkter (vgl. „Emilia Galotti") oder indirekter (vgl. „Maria Magdalena") Weise bringen sie ihre Tochter jeweils um ihr junges Leben. Die Autoren bürgerlicher Trauerspiele legen viel Wert auf die exakte Ausarbeitung der meist unharmonischen Vater-Tochter-Beziehung bürgerlicher Familien, da so die „Enttypisierung des Theaters" [86] gut dargestellt werden kann, in welchem sich bis dahin derart tragische Inhalte ausschließlich in adeligen Kreisen abspielten.

Um jenes Verhältnis zwischen Sara Sampson und ihrem Vater William veranschaulichen zu können, soll nun zunächst der Inhalt dieses bürgerlichen Trauerspiels wiedergegeben werden.

## 2.3.2 Inhalt des Stückes

Zu Beginn des in die klassischen fünf Akte gegliederten Stückes wird die Vaterfigur Sir William vorgestellt, der mit seinem Diener Waitwell seine Tochter Sara zurückholen will. Diese war im Vorfeld mit ihrem Geliebten Mellefont geflohen, um ihn in Frankreich zu heiraten. Noch aber wohnen sie in einem *„elenden Wirtshause"* [87] in England, da Mellefont die von Sara ersehnte Hochzeit aufgrund seiner Bindungsängste verzögert, weil er mit den Worten *„Sara Sampson, meine Geliebte"* [88] glücklicher ist als mit den Worten *„Sara Sampson, meine Ehegattin"* [89].

Doch nicht nur Saras Vater ist auf dem Weg zu dem Paar, auch die frühere Geliebte Mellefonts, Marwood, reist an. Sie will seine Verbindung zu Sara trennen und ihn wieder erobern.

Mit allen Mitteln versucht Marwood, Mellefont an sich zu binden. Zunächst will sie ihn vertraulich an die vergangenen Zeiten zwischen ihnen erinnern und ihm *„mit mehr Liebe ... mit mehr Entzücken"* [90] schmeicheln. Als dieser Weg nicht den gewünschten Erfolg bringt, bringt sie in Szene II.4. ihr nächstes Druckmittel zum Vorschein: Sie hat die gemeinsame Tochter Arabella mitgebracht, um den Vater zu Rückkehr zur Familie zu bewegen.

Als Mellefont sich beinahe überzeugt fühlt und bereits auf dem Weg ist, Sara zu verabschieden, besinnt er sich und macht kehrt, um seinen *„Fuß aus dieser gefährlichen Schlinge noch zeitig genug zu ziehen"* [91] und sich endgültig für Sara zu entscheiden.

Nach dieser Niederlage sieht Marwood keinen anderen Ausweg mehr als Mellefont zu töten, weshalb sie *„mit einem Dolche, den sie aus dem Busen reißt, auf ihn los"* [92] geht (s. Titelbild auf Seite 1 dieser Facharbeit). Von diesem - wenn auch erfolglosen - Angriff überrascht, erlaubt Mellefont ihr, Sara *„unter falschem Namen gegenübertreten zu dürfen"* [93].

Dies geschieht im vierten Akt, nachdem Sara einen Brief ihres Vaters von seinem Diener Waitwell erhalten hat, in welchem er *„sich über nichts, als über ihre Abwesenheit beklagt"* [94] und ihr damit nur noch größere Schuldgefühle bereitet. Marwood versucht zunächst, sie unter dem Decknamen „Lady Solmes" von Mellefont abzubringen, muss sich jedoch aufgrund Saras hartnäckiger Zuneigung zu ihm schließlich als seine frühere Geliebte offenbaren.

Das tragische Ende des Stückes wird durch das vergiftete Getränk eingeleitet, welches Marwood Sara als Medizin gibt, nachdem diese in Ohnmacht gefallen war.

Durch die liebevolle Art, wie Mellefont die kranke Sara pflegt, erkennt auch der zunächst gegen die Beziehung eingenommene Vater die wahre Liebe der beiden, so dass er ihnen die Flucht verzeiht. Sara vergibt ebenso Marwood und bittet ihren Vater, sich um Arabella wie um eine Tochter und um Mellefont wie um einen Sohn zu kümmern [95].

Nachdem Mellefont sich selbst aus Schuldgefühlen erstochen hat, weil er den Mordversuch Marwoods abgewehrt und somit die Ermordung Saras mitverschuldet hat [96], nimmt Sir William schließlich Arabella als *„Vermächtnis (s)einer Tochter"* [97] bei sich auf.

### 2.3.3 Die Vaterfigur „Sir William Sampson" als Idealbild eines Vaters

An dieser Aufnahme der Tochter Mellefonts ist die Großmütigkeit Sir Williams sehr gut ersichtlich. Doch auch an anderen Stellen wird verdeutlicht, dass er nahezu dem Idealbild eines Vaters entspricht, der seiner Tochter Fehler verzeiht und sie nicht unter Druck setzt.

Im Gegensatz zu Odoardo Galotti zeigt William Sampson offen seine Gefühle und steht zu seinen „Tränen" [98], als er an seine geflohene Tochter denkt, die die „Stütze (s)eines Alters" [99] ist und die er, anstatt ihr ihre Schuld vorzuwerfen, seinerseits um Vergebung bittet. Er „nimmt Abstand von seinen Rechten als Vater" [100] und erlaubt seiner Tochter sogar, abgesehen von allen gesellschaftlichen Konsequenzen, Fehler zu machen. In diesen Eigenschaften unterscheidet er sich grundlegend von Odoardo Galotti und Meister Anton.

Ein weiterer Charakterzug Sir Williams` ist der Hang zu Selbstvorwürfen, die er sich nach der Flucht seiner Tochter und auch noch an ihrem Sterbebett macht. Er denk nicht daran, sie für ihr Verhalten zu verurteilen, sondern bittet im Gegenteil darum, dass seine Schuld, die allein im Warten auf eine briefliche Antwort Saras anstelle einer sofortigen persönlichen Begrüßung der Tochter liegt, vergeben werde.

Für diese Nachgiebigkeit des Vaters gibt es einen Grund. Denn durch ihre Selbständigkeit benötigt seine Tochter Sara keine absolute Autoritätsperson, sie ist frei in ihren Entscheidungen und wünscht sich von William statt einer moralischen Führung nur väterliche Zuwendung. So unterscheidet sie sich von der unmündigen Emilia Galotti, die auf Odoardo als Vorbild angewiesen ist. Im Folgenden soll nun Sara weiterhin charakterisiert werden.

### 2.3.4 Die Tochterfigur „Miss Sara Sampson" als selbständige Person

Genau wie Emilia Galotti hat auch Sara hohe moralische Ansprüche. Beide wollen um keinen Preis gegen die Gesetze, die ihnen ihre Tugendhaftigkeit vorschreibt, verstoßen. Im Gegenteil zu Emilia jedoch hat Sara sich weitgehend von den väterlichen Moralvorstellungen befreit und kann auch einen Verstoß gegen den Willen ihres Vaters mit ihrem Gewissen vereinbaren, um sich zu ihrer Liebe zu bekennen – eine Eigenschaft, die sie auch von Meister Antons Tochter Klara grundlegend unterscheidet.

Sara verfolgt in ihrer Handlungsweise das Ziel, mit sich selbst im Reinen zu sein. Um dieses Ziel zu erreichen, will sie sowohl die vom Vater anerzogenen Regeln befolgen als auch auf ihr Gefühl hören, um sich selbst nicht unglücklich zu machen [101].

Die Berücksichtigung ihrer eigenen Wünsche unabhängig von denen ihrer Mitmenschen macht sie zu einer selbständigen jungen Frau, die für die damalige Zeit revolutionär für ihre Entscheidungsfreiheit kämpft.

In ihrer ersten Szene, Auftritt I.6., geht es um einen bösen Traum, in dem Sara ihrem Geliebten auf einem steilen Felsvorsprung nachläuft und von der freundlichen Stimme ihres Vaters zurückgerufen wird. Daraufhin stürzt sie beinahe ab und wird von einer weiteren Person erstochen [102]. Diese Vorahnung wird sich am Ende des Buches bestätigen, wenn Marwood sie zwar nicht wie im Traum mit einem Dolch, sondern durch Gift umbringt.

Ihre schlechte Verfassung, die zu dem Alptraum geführt hat, hängt mit dem ewigen Aufschub der Hochzeit mit Mellefont zusammen. Sara liebt ihn sehr und will sich so bald es geht mit ihm vermählen, damit die Tat, die sie von ihrem Vater getrennt hat, doch noch ein gutes Ende in der Gründung einer eigenen Familie hat.

Immer wieder bezieht sie sich in ihrer Argumentation auf Gott, *der „die Einbildungen in unserer Gewalt gelassen"* [103] hat und es somit ihrer Ansicht nach den Menschen nicht übel nimmt, wenn diese in ihren Gedanken, Träumen und Gefühlen unmoralische Seiten zeigen. Auch dieser Charakterzug unterscheidet sie vollkommen von Emilia Galotti, die, wie bereits erwähnt, *„sündigen wollen auch sündigen"* [104] nennt.

Sara ist eine sehr verständnisvolle Person, frei von Neugierde und Überheblichkeit. Diese beiden Eigenschaften werden in Szene III.2. verdeutlicht. Hier zeigt sie sich respektvoll und fragt Mellefont nicht nach dem Inhalt des Briefes aus, den er zuvor erhalten hat. Er selbst ist es, der das *„Geheimnis gleichwohl entdeck(t)"* [105]. Weiterhin zeigt sie sich sehr bescheiden, als sie Mellefont auffordert, sich gut zu überlegen, ob sie seine ehrenwerte Familie kennenlernen dürfte, *„ohne zu erröten"* [106].

Schließlich beweist Sara in Szene V.3. ein letztes Mal ihre große Charakterstärke, als sie, obwohl sie bereits erfahren hat, dass Marwood sie vergiftet hat, Mellefont davon abhält, sich an ihr zu rächen. *„Wozu dieses?"* [107] fragt sie ihn, als er aufbrechen will, und fügt hinzu, dass sie für ihre Mörderin bittet und ihr somit vergibt.

Das Aufeinandertreffen zwischen Sara und ihrem Vater Sir William folgt erst in Szene V.9, als bereits jede Rettung für sie zu spät ist und ihr Tod mit großer Sicherheit bald eintreten wird. Das Verhältnis der Beiden vor und nach der Flucht Saras aus dem väterlichen Haus soll nun erörtert werden.

### 2.3.5 Vater-Tochter-Beziehung: Die Schuldgefühle Saras gegenüber dem Vater und die Vergebung

Durch das prinzipiell äußerst gute Verhältnis zwischen Sara und ihrem Vater ist ihr schlechtes Gewissen bei der Flucht aus seinem Haus zu erklären. Doch obwohl sie sich darüber im Klaren ist, dass die Flucht unrechtmäßig ist und ihrem Vater wahrscheinlich große Sorge bereitet, bereut sie ihre Entscheidung nicht, da *„es (...) Liebe oder Verführung, (...) Glück oder Unglück"* [108] sei, mit Mellefont zu fliehen. Doch ganz verdrängen kann sie ihren fürsorglichen Vater selbstverständlich nicht. Sie ist bestürzt darüber, dass sie in dem Traum, von dem sie Mellefont erzählt, von der liebevollen Stimme ihres Vaters gerufen wurde und sie *„nichts von ihm vergessen"* [109] kann. Ihre größte Sorge – die, dass der Vater allzu traurig über ihre Abreise ist und sich seinerseits verzweifelt um sie sorgt – ist so stark, dass sie sich selbstlos wünscht, er möge sie schnellstmöglich vergessen und wieder glücklich sein. Sie leidet sehr unter der Unsicherheit, nicht zu wissen, wie Sir William mit der Situation umgeht, und hofft, dass er, statt sich Sorgen zu machen, ihr *„Verwünschungen nachbrausen"* [110] könne und sie schließlich ganz vergessen möge.

Die Möglichkeit, Sir William könnte ihr die Flucht vergeben und sie wieder als Tochter annehmen, zieht sie erst gar nicht in Betracht. Doch genau so gedenkt er zu handeln. Er gibt Mellefont, mit dem er schon früher ein schlechtes Verhältnis hatte, die Schuld, seine Tochter, *„das beste, schönste, unschuldigste Kind (...) so verführt"* [111] zu haben, und wirft Sara ihre Tat nicht vor.

Indem er sich schließlich, nach dem Briefwechsel, dazu entscheidet, zu ihr zu gehen, kann er zwar ihre fortschreitende Vergiftung nicht aufhalten, kommt aber noch rechtzeitig, um sich mit ihr zu versöhnen.

Von dieser Güte ist Sara derart überwältigt, dass sie in ihm zunächst einen *„Bote des Höchsten, in der Gestalt meines Vaters, oder selbst mein Vater"* [112] sieht.

Nach ihrer Aussprache vergibt der Vater der Tochter die Flucht und kann sogar den einst ungeliebten Schwiegersohn akzeptieren. So gelingt es ihnen, ihr gutes Verhältnis auch bis nach ihrem Tod beizubehalten, was sie von den im Vorfeld erläuterten Beziehungen grundlegend unterscheidet.

### 2.4. „Homo Faber" von Max Frisch

#### 2.4.1 Informationen zum Werk: Der Autor Max Frisch

Zuletzt wird eine weitere Form der möglichen Beziehungsarten zwischen Vater und Tochter in Max Frischs (1911-1991) Roman „Homo Faber" dargestellt. Hier lassen sich die beiden Figuren Walter Faber und Sabeth Piper auf eine körperliche Liebesbeziehung ein, ohne zunächst zu wissen, dass sie miteinander verwandt sind. Schließlich endet auch diese Geschichte mit dem indirekt durch ihren Vater verursachten Tod der Tochter.

Der Autor Max Frisch verbrachte 1952 ein Jahr in den USA und Mexiko und bereiste 1956 ein weiteres Mal den amerikanischen Kontinent. Diese Aufenthalte inspirierten ihn zu dem Werk „Homo Faber", „welches teils in Mexiko und den USA stattfindet" [113]. Das Buch zählt „mit einer Gesamtauflage von über 3 Millionen und Übersetzungen in über 40 Sprachen zu einem von Frischs meistgelesenen Büchern" [114] und ist in den Lehrplan des Deutschunterrichts aufgenommen worden. Es soll nun zusammengefasst und in Bezug auf die Vater-Tochter-Beziehung untersucht werden.

### 2.4.2 Inhalt des Romans

Der Inhalt des Romans „Homo Faber" ist relativ kompliziert aufgebaut, da Frisch in Rückblenden immer wieder die Vergangenheit Walter Fabers beschreibt. Dessen Geschichte ist jedoch für das Verständnis seiner Beziehung zu seiner Tochter Sabeth sehr wichtig. Um den Inhalt so anschaulich wie möglich darlegen zu können, werde ich nicht in der Reihenfolge des Buches, sondern chronologisch vorgehen.

- Die Vorgeschichte

Der Ingenieur Walter Faber berichtet in Rückblenden von seinem Leben in der Zeit von 1933 bis 1956. So erfährt der Leser, dass er sich von 1933-35 als „Assistent an der Eidgenössischen Technischen Hochschule, Zürich" [115] befand und mit der halbjüdischen Kunststudentin Hanna Landsberg aus München liiert war. „Als die politische Situation für Hanna bedrohlich wurde" [116], holt er sie zu sich in die Schweiz und bringt die Idee einer Heirat auf, da sie außerdem ein Kind von ihm erwartet. Hannah jedoch lehnt diesen Vorschlag ab, da Faber ihn zum einen sehr beiläufig und unromantisch vorträgt: „Willst du heiraten, ja oder nein?" [117] und zum anderen, weil er zur gleichen Zeit ein berufliches Angebot annimmt, für welches er längere Zeit in Bagdad verbringen muss. Die Beiden beschließen, das Kind abtreiben zu lassen.

Doch nachdem Faber abgereist war, geht Hanna eine Beziehung mit Fabers gutem Freund Joachim ein, heiratet ihn sogar und bringt ihre Tochter Elisabeth zur Welt.

- Die Erste Station

Der erste Teil des Berichts beginnt mit dem verspäteten Abflug aus New York, wo Faber mit seiner Freundin Ivy zusammen wohnt, die ihn unbedingt heiraten will. Er aber heiratet seit seiner Erfahrung mir Hanna – vor etwa 20 Jahren – „grundsätzlich nicht" [118]. Im Flugzeug trifft Faber auf Herbert Henke, dessen Gesicht ihm gleich bekannt erscheint, und der sich später als Bruder seines früheren Freundes Joachim erweist. Durch ihn erfährt er, dass Hanna „als Archivarin in Athen lebt und eine Tochter hat" [119].

Faber gibt nach einer Notlandung in der Wüste, die der Pilot aufgrund eines Propellerschadens ausführen musste, sein ursprüngliches Reiseziel Caracas auf und beschließt, mit Herbert in Guatemala nach dessen Bruder zu suchen. Als sie diesen auf einer Tabakplantage erhängt auffinden, will Herbert die Geschäfte dort weiterführen, so dass Walter Faber allein weiterreisen muss. Er kehrt nach New York zurück und steht wiederum Ivy gegenüber, die ihn trotz eines Briefes, den er in der Wüste an sie verfasst hat und in dem er ihren Heiratswunsch unmissverständlich ablehnt, nicht verlassen will.

Daraufhin macht sich Faber per Schiff auf den Weg nach Europa und lernt an Bord Sabeth, ein *„Mädchen mit dem blonden Roßschwanz"* [120] kennen, von der er sofort fasziniert ist. Sie entwickeln eine sehr innige Beziehung, die jedoch bei Faber neben der körperlichen Anziehung ihr gegenüber aufgrund des großen Altersunterschiedes – knapp 30 Jahre – gleichzeitig väterliche Gefühle weckt. So reagiert er beispielsweise negativ auf die Annäherungsversuche eines Mitreisenden an das Mädchen [121]. Er erwägt, sie entgegen seines Vorsatzes zu heiraten.

Mit ihr reist er durch Europa und besucht unter anderem die Städte Avignon, Florenz und Rom. Im Lauf der Reise kommen die Beiden sich näher und schlafen auch miteinander. Da Sabeth ab und zu von ihrer Mutter erzählt, fragt Faber sie schließlich, wie diese heiße. So erfährt er, dass *„Sabeth die Tochter von Hanna"* [122] ist. Auf die Idee, dass sie auch sein eigenes Kind sein könnte, kommt er zunächst nicht und streitet sie später ab. Die Daten ihrer Geburt und seiner Beziehung zu Hanna legt er sich so zurecht, dass *„die Rechnung aufging"* [123] und er sich einreden konnte, dass Joachim der Vater Sabeths sei.

Schließlich erreichen sie Griechenland, das Reiseziel Sabeths, die ihre Mutter besuchen will. Doch an einem Strand wird das Mädchen von einer Schlange gebissen und fällt zudem mit dem Kopf auf einen Stein, als sie vor ihrem nackt badenden Vater zurückweichen will. Im Krankenhaus in Athen treffen Faber und Hanna aufeinander und müssen den Tod ihrer Tochter als *„Folge einer nicht-diagnostizierten Fraktur der Schädelbasis"* [124] erleben.

- Die Zweite Station

Nach dem Tod seiner Tochter will Faber seine Arbeit kündigen und bei Hanna bleiben, um sie zu heiraten, reist zunächst jedoch nach New York zurück, um von dort aus wieder Mittelamerika zu besuchen. Er wiederholt die Reise zur Tabakplantage, auf der Herbert lebt, und gelangt auf der Rückreise nach Havanna, *„wo er noch einmal von Lebenslust ergriffen wird, aber auch den Tod zu akzeptieren lernt"* [125]. So kann er der Operation etwas ruhiger entgegensehen, der er sich in Athen unterzieht, obwohl er glaubt, dass sich sein Magenleiden als Krebs herausstellen wird.

## 2.4.3 Die Vaterfigur „Walter Faber" und seine Wandlung

Diese Magenbeschwerden spricht Faber in seinem Bericht regelmäßig an, und auch viele andere Details zu ihm können gesagt werden, da er häufig seine Eigenschaften und Denkweisen offenbart. Er gilt als Inbegriff eines die Technik liebenden Menschen, der alles, was er nicht berechnen kann, als minderwertig empfindet. So hält er beispielsweise nichts von der romantischen Wüstenlandschaft, die er bei der Notlandung sieht [126], glaubt *„nicht an Fügung und Schicksal"* [127] und hat einen regelrechten Zwang, sich rasieren zu müssen. Tut er dies nicht, befürchtet er, er *„werde etwas wie eine Pflanze"* [128]. So verdeutlicht er seinen Vorzug der Technik gegenüber der Natur, weshalb Hanna ihm den Spitznamen „Homo Faber" gab.

Seine Hobbys sind vor allem das Schachspiel, weil es seinen geliebten mathematischen Regeln folgt, und das Filmen. Er verarbeitet seine ihm teilweise unangenehmen Emotionen, indem er Sabeth durch die Kamera beobachtet und ihre Bewegungen aufzeichnet. So schützt er sich davor, sich seine Gefühle einzugestehen.

Fabers *„abschätziges Frauenbild"* [129] äußert sich darin, dass er negative Eigenschaften anderer Menschen oft *„weibisch"* [130] nennt und sich schlichtweg weigert, auf emotionale Ausbrüche Hannas, Sabeths oder Ivys einfühlsam zu reagieren. Im Gegenteil lacht er Ivy beispielsweise aus, als sie ihn einen *„Rohling (...) Egoist (...) Unmensch"* [131] nennt.

Im Laufe seiner Niederschrift der Ereignisse jedoch erkennt der Leser, dass Faber keineswegs so hartherzig ist, wie er sich darstellt und es wahrscheinlich gerne wäre. Seine oftmals eingeschobenen Rechtfertigungen, nicht Schuld am Schicksal Sabeths zu sein [132], und auch seine den nüchternen Erzählstil immer wieder durchbrechenden Gedanken beweisen, dass er die Rolle des emotionslosen Technikers nur spielt.

Die endgültige Wendung seiner Einstellung zur Außenwelt geschieht in Havanna, wo ihm die kubanische Lebensfreude vermittelt wird und ihm gleichzeitig bewusst wird, *„dass sein technischer Blick auf die Welt dieser nie gerecht wurde und sie nie vollständig erfassen konnte"* [133].

### 2.4.4  Die Tochterfigur „Elisabeth Piper" als Gegenteil zu ihrem Vater

Im Gegensatz zu ihrem Vater, der außer der technischen Sicht auf die Welt keine weiteren Perspektiven kennt, kann sich seine Tochter Sabeth für viele Dinge begeistern. So geht es bereits in einem der ersten Gespräche, die die Beiden miteinander führen, um *„Navigation, Radar, Erdkrümmung, Elektrizität, Entropie"* [134], also um ein Fachgebiet Walter Fabers. Obwohl die Themen für Sabeth neu waren, versteht sie sofort einiges davon und beweist so, dass sie *„alles andere als dumm"* [135] ist.

Diese Fähigkeit bewundert Faber an ihr, da er Frauen im Allgemeinen keinen Sinn für Technik unterstellt. Ihr Vorschlag, mit ihm „einmal den Maschinenraum" [136] des Schiffes zu besichtigen, fasziniert Faber sehr.

Neben der Technik gilt ein weiteres Interesse Sabeths der Kunst, sie will nach der Ankunft des Schiffes in Paris die „Skulpturen im Louvre" [137] besichtigen. Die Einstellung Fabers, der sich „nichts daraus macht" [138], kann sie nicht verstehen – umso größer ist ihre Überraschung darüber, ihn später im Louvre anzutreffen [139]. Faber hatte dort auf sie gewartet, um sie nach dem Abschied am Hafen wiederzusehen.

Auf der Reise durch Italien, die die Beiden miteinander unternehmen, beweist Sabeth erneut „ihr Kunstbedürfnis, ihre Manie, alles anzuschauen" [140]. Sie ist begeistert von den Museen und Ruinen, die sie beispielsweise in Rom besichtigen [141], und unterscheidet sich auch hier wiederum von ihrem Vater, der „mit Museen nichts anfangen" [142] kann.

Sabeths Fähigkeit, optimistisch und phantasievoll die Welt zu betrachten [143], ist ein absolutes Gegenteil zu der nüchternen Beobachtung Walter Fabers.

Auf der Grundlage dieser Unterschiede soll nun die Vater-Tochter-Beziehung erörtert werden.


### 2.4.5  Vater-Tochter-Beziehung: Die auf Unwissenheit beruhende körperliche Liebe


Der Leser des Werkes „Homo Faber" empfindet die junge, fröhliche Sabeth sofort als sympathisch und liebenswert. Ihre Motive, die sie dazu bringen, mit einem dreißig Jahre älteren Mann zu schlafen, erläutert Max Frisch nicht so ausführlich wie die Motive Fabers. Das liegt daran, dass er sich als Erzähler des Berichts nicht in Sabeth hineinversetzen und ihre Gründe nicht erkennen kann.

Ihren Vater dagegen, Walter Faber, stellt der Autor Max Frisch in einem eher negativen und unsympathischen Licht dar. Dadurch und durch die Tatsache, dass der Leser viel früher als Faber selbst weiß, dass die Beiden miteinander verwandt sind und eine körperliche Beziehung illegalen Inzest bedeuten würde, empfindet man beim Lesen des Buches Ekel und Abscheu vor der Liebe, die die Beiden ausleben.

Da sie ja lange Zeit nicht um ihre Verwandtschaft wissen, ist es relativ schwer, von einer tatsächlichen Vater-Tochter-Beziehung zu sprechen. Da Faber den Bericht aber im Nachhinein an die Geschehnisse verfasst und zu diesem Zeitpunkt bereits über seine Tochter informiert war, ist an einigen Stellen im Buch dennoch sein väterliches Verhältnis zu ihr erkennbar.

Schon als er sie auf dem Schiff trifft und in ihr eigentlich nur eine Mitreisende auf dem Weg nach Paris sieht, reagiert er in einigen Situationen als typischer Vater. So regt er sich beispielsweise wie bereits erwähnt über die Annäherungsversuche eines weiteren Passagiers an Sabeth auf, der seine Hand „auf ihren Arm legt, dann auf ihre Schulter" [144]. Der Leser kann sich dabei gut vorstellen, dass er, wenn er wüsste, dass sie seine Tochter ist, ebenso reagieren würde.

Weiterhin will er sie in ihren Berufsvorstellungen einschränken und verbietet ihr, „*Stewardeß zu werden*" [145]. Er kritisiert außerdem die Art, wie sie sich anzieht [146] und macht sich Sorgen um sie, als sie von ihrem Plan, „*mit Autostop nach Rom zu reisen*" [147] erzählt.

All diese Verhaltensweisen deuten darauf hin, dass die kindliche Art Sabeths in Faber sowohl Beschützer- und Vaterinstinkte weckt, als auch seine Sehnsucht nach der eigenen Jugend. Er sieht in ihr die Möglichkeit, seine „midlife crisis", unter der er im Alter von 50 Jahren leidet, durch sie als jüngere Geliebte zu überwinden.

Dieser und weitere psychologische Aspekte, die in Vater-Tochter-Beziehungen eine Rolle spielen, sollen nun untersucht werden und die Facharbeit abrunden.

## 3.  Schluss: Psychologische Beurteilung der Beziehungen aus heutiger Sicht

Der französische Psychologe und Psychoanalytiker Dr. Alain Braconnier untersucht in seinem Buch „Väter & Töchter – Eine prägende Beziehung verstehen" aus dem Jahr 2008 die Art und Weise, wie Töchter von ihrer frühesten Kindheit an von ihrem Vater geprägt werden und wie sie die zu dieser Zeit erlebten Erfahrungen ihr ganzes Leben lang beeinflussen. In jedem Fall gilt die elterliche Prägung eines Kindes, unabhängig ob Tochter oder Sohn, als äußerst entscheidend für dessen Charakterzüge und Verhaltensweisen, wobei gerade die gegengeschlechtliche Beziehung, also das Mutter/Sohn- oder eben das Vater/Tochter-Verhältnis, eine wichtige Rolle spielt.

Braconnier stellt verschiedene Vater- und Tochter-Typen vor, die sich in ihrer Entwicklung und Ausprägung gegenseitig beeinflussen. Neben dem kumpelhaften, dem unnahbaren und dem cholerischen Vater-Typ gibt es dabei auch solche, die auf die Väter der soeben behandelten Werke der deutschen Literatur zutreffen. Im Folgenden möchte ich daher die bereits im Hauptteil charakterisierten Figuren in ihre psychologischen Typen einordnen, ihre Reihenfolge ist dabei frei gewählt.

Zunächst soll Sir William Sampson eingeordnet werden, der gutherzige Vater aus Lessings „Miss Sara Sampson".

Er kann aus verschiedenen Gründen als Vertreter des „idealen Vaters" angesehen werden. So spricht beispielsweise die Meinung Saras über ihn dafür, denn vor ihrer Beziehung zu Mellefont und auch nachdem Sir William ihr diese vergeben hat, hat sie die „*Vorstellung, ihr Vater sei der Beste und immer für sie da*" [148]. Dieses Bild von ihm verdrängt sie während ihrer Flucht.

Als „normal" bezeichnet Braconnier weiterhin das Bedürfnis einer jugendlichen Tochter des idealen Vaters „*nach mehr Abstand zu ihrem Vater*" [149], welches sich in Saras Flucht mit ihrem Geliebten wiederspiegelt. Dieser Wunsch ist eine Folge der sehr liebevollen und fürsorglichen Erziehung durch den Vater, die im Fall der Sampsons noch durch die Abwesenheit der Mutter verstärkt wurde. Ein idealer Vater verwöhnt seine Tochter sehr, schießt dabei jedoch nicht über den Grad hinaus, ab dem sich dies nachteilig für die Tochter auswirken könnte. Sir William Sampson hat dieses Maß gefunden. Ihm ist es gelungen, sie zu einer selbstbewussten Frau zu erziehen, die ihre Entscheidungen frei treffen kann. Dies zeigt sie, indem sie sich auf Mellefont einlässt, obwohl ihr Vater kein gutes Verhältnis zu ihm hat. Die Fähigkeit, eine funktionierende Liebesbeziehung einzugehen, erhalten vor allem die Töchter „idealer" Väter, so also auch Sara. *„Obwohl sie ihren Vater immer noch liebte, stellte sich bei ihr das Gefühl ein, sie könne sich von ihm lösen"* [150] und mit ihrem Geliebten fliehen.

Weiterhin ist die barmherzige Vergebung des Vaters selbstverständlich ein Indiz dafür, dass es sich bei ihm um den „idealen" Typ handelt. Sara hat hierbei das Gefühl, *„dass ihr Vater ihr Fehler zugestehen konnte und von ihm gleichzeitig eine in ihren Augen positive Autorität ausging"* [151].

Und auch die Tatsache, dass Sir William seine Tochter *„um ihrer selbst willen liebt, mit all ihren Stärken und Schwächen"* [152], also obwohl sie aus seinem Haus geflohen ist, beweist, dass er Braconniers Typ eines idealen Vaters entspricht.


Beinahe gegensätzlich dazu zeigt sich Meister Anton in Hebbels *„Maria Magdalena"*. Ihn stufe ich als „egozentrischen Vater-Typ" ein, da er seine eigenen Ansprüche vor alles andere stellt, *„nie Schwächen zeigt"* [153] und sich nicht in die Situation seiner Tochter Klara hineinversetzen will und kann.

Er hat sehr hohe moralische Ansprüche und verlangt von seiner Tochter, dass sie diese erfüllt. Klara sieht keinen anderen Weg, sich die Liebe ihres Vaters zu verdienen, und bemüht sich daher, die Regeln bestmöglich zu befolgen. Aber *„keine Tochter profitiert davon, die ideale Tochter ihres Vaters zu sein, denn diese starke Identifizierung"* [154] hindert sie daran, eigene Wertevorstellungen sowie ein gesundes Selbstbewusstsein zu entwickeln.

Diese Konsequenz kann man bei Klara sehr genau erkennen. Sie ist unmündig und traut sich nicht, ihrem Vater entgegenzutreten und ihm von ihrer Schwangerschaft zu erzählen. *„Frustrationen hat sie mit allen Mitteln kaschiert"* [155] anstatt sich ihren Problemen zu stellen und sich Hilfe zu holen, da sie dem Idealbild ihres Vaters entsprechen, also *„stark"* und *„auf niemanden angewiesen"* [156] sein wollte. Ihre Entscheidung, sich durch einen Sprung in den Brunnen selbst zu töten anstatt mit ihrem Vater, Leonhard oder dem Sekretär eine Lösung für ihre Situation zu finden, hat ihre Ursache in der Haltung des Vaters, *„emotionale Bedürfnisse als Zeichen von Schwäche"* [157] zu werten und *„unangemessene Erwartungen"* [158] an seine kindliche Tochter zu stellen.

Ein weiteres Beispiel für eine kindliche und unmündige Tochter ist Emilia Galotti aus dem gleichnamigen Werk G. E. Lessings. In ihrem Fall nehme ich die Typen-Einteilung nicht anhand des Vaters Odoardo vor, sondern möchte sie selbst nach Braconnier als Vertreterin des „schüchternen" Tochter-Typs einteilen. Sehr deutlich sind die Merkmale dafür in der Kirchen-Szene, als Emilia durch die verführerischen Worte des Prinzen vollkommen verwirrt wird. „Schüchterne" Töchter leiden unter „Schuldgefühlen wegen sexueller Wunschvorstellungen" und „Schamgefühlen" [159], da sie in ihrer Erziehung nicht den Umgang mit dem männlichen Geschlecht gelernt haben, sondern meist von ihm ferngehalten wurden. Weiterhin haben Frauen dieses Typen oftmals eine sehr ausgeprägte Phantasie, in der sie sich vorstellen, wie sie in Situationen gerne handeln würden, die sie aufgrund ihres geringen Selbstvertrauens im realen Leben überfordern. Auch Emilia wünscht sich vielleicht, den Grafen nicht heiraten zu müssen, traut sich jedoch nicht, ihrem vom zukünftigen Schwiegersohn begeisterten Vater davon zu erzählen. „Fehlendes Selbstbewusstsein lässt sie an ihrem Wissen und ihren Fähigkeiten zweifeln" [160], wodurch Frauen des schüchternen Typens häufig ein Dasein als unzufriedene Hausfrau fristen, ohne ihre Talente zu nutzen. Das Verhältnis zu ihren Vätern ist bei diesen Frauen meist davon bestimmt, um Anerkennung und Zuwendung zu kämpfen. Doch „meistens reagieren die Väter stumm oder genervt" [161], wodurch die Schüchternheit der Tochter wiederum verstärkt wird. Für beide Parteien ist es schwer, aus diesem Teufelskreis auszubrechen, unter dem die Tochter jedoch wesentlich mehr leidet als ihr Vater.

Nun komme ich zum letzten Werk, Max Frischs „Homo Faber". Hierbei kann, wie bereits im Hauptteil erwähnt, eigentlich nicht von einer Vater-Tochter-Beziehung im klassischen Sinn gesprochen werden, da die beiden ihr Liebesverhältnis ohne dieses Wissen beginnen.

Daher habe ich mich dazu entschlossen, Walter Faber unter dem psychologischen Gesichtspunkt der „midlife crisis" zu untersuchen, in welcher er sich befindet. Auf ihn, den technisch interessierten Mathematiker, trifft vollkommen zu, was der Sozialpädagoge Eckart Hammer in seinem Buch „Männer altern anders" aussagt: „Männer haben fast alles untersucht und in Frage gestellt, nur nicht sich selbst" [162]. Sie definieren sich sehr stark über ihre Kraft und ihre Stärke, die mit dem Alter jedoch abnimmt. Daher beginnt etwa ab dem 50. Geburtstag, den Walter Faber auf dem Schiff nach Paris feiert, „der Countdown, das Rückwärtszählen" [163]. Sie haben Angst vor der Zukunft und stürzen in eine Krise, in welcher sich manche, wie auch Faber, „einer jüngeren Partnerin zuwenden, über die sie sich zum einen in ihrer sexuellen Identität und Attraktivität bestätigt sehen und zum anderen vermittels der jugendfrischen Partnerin selbst jünger aussehen" [164]. Diese Rolle nimmt die zwanzigjährige Sabeth in Fabers Leben ein.

Ein erstes Überwinden seiner „midlife crisis" beginnt in Kuba, wo er erstmals wieder Lebensfreude verspürt und die Zukunft in einem positiveren Licht sieht. Der ungewisse und vielleicht tödliche Ausgang seiner Magenoperation in Griechenland ist daher umso tragischer.

Aus moderner, psychologischer Sicht gibt es diverse Vater- und Tochter-Typen und hieraus wiederum eine große Zahl möglicher Kombinationen, die selbst die gesamte deutsche Literatur sicher keineswegs vollständig behandelt. Ich hoffe jedoch, in dieser Facharbeit einige wichtige Beispiele herausgearbeitet zu haben.

# 4. Anhang

## 4.1 Literaturverzeichnis

(alphabetisch)

- Quellen:

**Emilia**     G. E. Lessing „Emilia Galotti", Hamburger-Lesehefte-Verlag, Husum 2007

**Faber**      M. Frisch „Homo Faber. Ein Bericht", Suhrkamp-Verlag, Frankfurt a. M. 2004

**Maria**      F. Hebbel „Maria Magdalena", Hamburger-Lesehefte-Verlag, Husum 2007

**Sara**       G. E. Lessing „Miss Sara Sampson", Reclam-Verlag, Stuttgart 2006

- Sekundärliteratur:

**Braconnier**   A. Braconnier „Väter & Töchter", Kreuz-Verlag, Stuttgart 2008

**Buchkremer**   S. Buchkremer „Vater-Tochter-Beziehungen bei G. E. Lessing",
                 Grin-Verlag, Norderstedt 2007

**Draws-Volk**   M. Draws-Volk „Emilia Galotti – Die Bedeutung des Virginia-Stoffes für die Deutung
                 des Stückes", Grin-Verlag, Norderstedt 2002

**Hammer**       E. Hammer „Männer altern anders", Herder-Verlag, Freiburg 2007

**KLL**          Kindlers Literaturlexikon (Bände 8, 11, 14, 15), dtv-Verlag, München 1974

## 4.2 Anmerkungen / Literaturhinweise

[1] Livius „Libri ab urbe condita III" Kapitel 48
http://gutenberg.spiegel.de/?id=5&xid=3528&kapitel=19&cHash=dd5a0382292#gb_found (am 22.1.09)

[2] Livius „Libri ab urbe condita III" Kapitel 48
http://gutenberg.spiegel.de/?id=5&xid=3528&kapitel=19&cHash=dd5a0382292#gb_found (am 22.1.09)

[3] KLL Band 8, Seite 3077

[4] Draws-Volk Kapitel „0. Einleitung" (keine Seitenzahlen)

[5] KLL Band 8, Seite 3077

[6] Emilia S. 8, Z. 36f

[7] Emilia S. 70, Z. 35f

[8] Emilia S. 70, Z. 38

[9] Emilia S. 70, Z. 34ff

[10] Emilia S. 70, Z. 40

[11] Emilia S. 18, Z. 10f

[12] Emilia S. 18, Z. 17

[13] Emilia S. 18, Z. 23

[14] Emilia S. 21, Z. 9f

[15] vgl. Buchkremer S. 12 und S. 23

[16] Emilia S. 21, Z. 23

[17] Emilia S. 22., Z. 21f

[18] Emilia S. 22, Z. 32

[19] Emilia S. 23, Z. 2f

[20] Buchkremer S.7

[21] vgl. Emilia S. 56, Z. 8ff

[22] Emilia S. 56, Z. 36

[23] vgl. Emilia S. 57, Z. 17f

[24] vgl. Emilia S. 58, Z. 12f

[25] vgl. Buchkremer S.7

[26] Emilia S. 8, Z. 36f

[27] Emilia S. 10, Z. 2f

[28] Emilia S. 24, Z.12

[29] Emilia S.26, Z. 5f

[30] Emilia S.26, Z. 1f

[31] vgl. Buchkremer S. 12

[32] vgl. Emilia S.24, Z.1ff

[33] Emilia S. 25, Z. 2f

[34] vgl. Emilia S. 25, Z. 13f

[35] Emilia S. 38, Z. 27ff

[36] Buchkremer S.19

[37] Emilia S. 23, Z. 29

[38] Buchkremer S. 18

[39] Emilia S. 68, Z.15f

[40] Emilia S. 62, Z. 11

[41] Emilia S. 68, Z. 25f

[42] Emilia S. 69, Z. 22

[43] vgl. Emilia S. 69, Z. 25ff

[44] Emilia S. 70, Z. 24f

[45] Emilia S. 71, Z. 4

[46] vgl. Emilia S. 71, Z. 6

[47] Emilia S. 71, Z. 22f

[48] vgl. KLL Band 14, S. 6029

[49] vgl. KLL Band 14, S. 6029

[50] vgl. Maria S. 57

[51] vgl. Maria S. 13, Z. 17ff

[52] Maria S. 26, Z. 29f

[53] vgl. Maria S. 44, Z. 34ff

[54] Maria S. 53, Z. 31

[55] Maria S. 9, Z. 27

[56] Maria S. 26, Z. 15

[57] vgl. Maria S. 16, Z. 17ff
[58] vgl. Maria S. 48, Z.34
[59] Maria S. 30, Z. 9ff
[60] Maria S. 7, Z. 1f
[61] Maria S. 7, Z. 6
[62] Maria S. 8, Z. 27
[63] Maria S. 8, Z. 26
[64] Maria S. 8, Z. 38
[65] Maria S. 11, Z. 8f
[66] Maria S. 11, Z. 36
[67] Maria S. 9, Z. 1
[68] Maria S. 15, Z. 25ff
[69] Maria S. 26, Z. 27f
[70] Maria S. 26, Z. 29f
[71] Maria S. 27. Z. 33
[72] Maria S. 29, Z. 30
[73] vgl. Maria S. 29, Z. 21ff
[74] Maria S. 29, Z. 20
[75] vgl. Maria S. 31, Z. 7
[76] vgl. Maria S. 31, Z. 17f
[77] Maria S. 31, Z. 17f
[78] Maria S. 39, Z. 20ff
[79] Maria S. 53, Z. 31
[80] vgl. KLL Band 15, S. 6361
[81] KLL Band 15, S. 6361
[82] http://de.wikipedia.org/wiki/B%C3%BCrgerliches_Trauerspiel (am 23.12.08)
[83] http://de.wikipedia.org/wiki/B%C3%BCrgerliches_Trauerspiel (am 23.12.08)
[84] http://de.wikipedia.org/wiki/B%C3%BCrgerliches_Trauerspiel (am 23.12.08)
[85] http://de.wikipedia.org/wiki/B%C3%BCrgerliches_Trauerspiel (am 23.12.08)
[86] KLL Band 15, S. 6361
[87] Sara S. 5, Z. 6f
[88] Sara S. 67, Z. 7f
[89] Sara S. 67, Z. 8f
[90] Sara S. 25, Z. 5f
[91] Sara S. 35, Z. 33 / S. 36, Z. 1
[92] Sara S. 39, Z. 13f
[93] http://de.wikipedia.org/wiki/Miss_Sara_Sampson (am 23.12.08)
[94] Sara S. 42, Z. 6f
[95] vgl. Sara S. 103, Z. 15ff
[96] vgl. Sara S. 105, Z. 21ff
[97] Sara S. 106, Z. 17
[98] Sara S. 5, Z. 17
[99] Sara S. 6, Z. 18
[100] Buchkremer S. 8
[101] vgl. Buchkremer S. 11
[102] vgl. Sara S. 14, Z. 9ff
[103] Sara S. 13, Z. 24f
[104] Emilia S. 23, Z. 29
[105] Sara S. 44, Z. 20
[106] Sara S. 44, Z. 28f
[107] Sara S. 92, Z. 4
[108] Sara S. 15, Z. 2f
[109] Sara S. 14, Z. 16
[110] Sara S. 18, Z. 6
[111] Sara S. 5, Z. 21f
[112] Sara S. 100, Z. 7f
[113] http://www.schultreff.de/referate/deutsch/r0268t00.htm (am 26.12.08)
[114] http://de.wikipedia.org/wiki/Max_Frisch (am 26.12.08)
[115] Faber S. 33
[116] KLL Band 11, S. 4609

[117] Faber S. 48
[118] Faber S. 7
[119] KLL Band 11, S. 4609
[120] Faber S. 69
[121] vgl. Faber S. 77
[122] Faber S. 118
[123] Faber S. 121
[124] Faber S. 160
[125] http://de.wikipedia.org/wiki/Homo_faber_(Buch)#Inhalt (am 26.12.08)
[126] vgl. Faber S. 24
[127] Faber S. 22
[128] Faber S. 27
[129] http://de.wikipedia.org/wiki/Homo_faber_(Buch) (am 26.12.08)
[130] Faber S. 24
[131] Faber S. 58
[132] vgl. Faber S. 123
[133] http://de.wikipedia.org/wiki/Homo_faber_(Buch) (am 26.12.08)
[134] Faber S. 74
[135] Faber S. 74
[136] Faber S. 78
[137] Faber S. 77
[138] Faber S. 76/77
[139] vgl. Faber S. 100
[140] Faber S. 107
[141] vgl. faber S. 113
[142] Faber S. 108
[143] vgl. http://de.wikipedia.org/wiki/Homo_faber_(Buch)#Elisabeth_Piper (am 30.12.08)
[144] Faber S. 77
[145] Faber S. 83
[146] vgl. Faber S. 88
[147] Faber S. 101
[148] Braconnier S. 14
[149] Braconnier S. 15
[150] Braconnier S. 18
[151] Braconnier S. 17
[152] Braconnier S. 19
[153] Braconnier S. 26
[154] Braconnier S. 25
[155] Braconnier S. 26
[156] Braconnier S. 26
[157] Braconnier S. 26
[158] Braconnier S. 26
[159] Braconnier S. 46
[160] Braconnier S. 45
[161] Braconnier S. 45
[162] Hammer S. 13
[163] Hammer S. 29
[164] Hammer S. 93

# BEI GRIN MACHT SICH IHR WISSEN BEZAHLT

- Wir veröffentlichen Ihre Hausarbeit,
  Bachelor- und Masterarbeit

- Ihr eigenes eBook und Buch -
  weltweit in allen wichtigen Shops

- Verdienen Sie an jedem Verkauf

**Jetzt bei www.GRIN.com hochladen
und kostenlos publizieren**